经典启蒙

第四册

论语·大学

丛 书 主 编：孙绍振

丛书副主编：何　捷

本 册 主 编：郭　鲲

本册副主编：徐　凤

本 册 编 委（以姓氏笔画为序）：

关　璐　李秀萍　张亚军　武玉斐

宫玉娇　高　媛　薛　白

朗　　诵：贾　凯

插　　画：张洪昌

本书配有家长交流群
微信扫码，加入感兴趣的学习群
获取本书学习资料，参与读书活动
与其他家长一起辅导孩子使用本书

齊魯書社

图书在版编目（CIP）数据

论语·大学 / 郭鲲本册主编. —— 济南 ：齐鲁书社，
2019.5

（《经典启蒙》丛书 / 孙绍振丛书主编 ；第四册）

ISBN 978-7-5333-4121-3

Ⅰ.①论… Ⅱ.①郭… Ⅲ.①儒家②《论语》－儿童
读物③《大学》－儿童读物 Ⅳ.①B222-49

中国版本图书馆CIP数据核字(2019)第085999号

经典启蒙（第四册） 论语·大学

孙绍振 丛书主编 何捷 丛书副主编 郭鲲 本册主编

主管单位	山东出版传媒股份有限公司
出版发行	齐鲁书社
社 址	济南市英雄山路189号
邮 编	250002
网 址	www.qlss.com.cn
电子邮箱	qilupress@126.com
营销中心	（0531）82098521 82098519
印 刷	山东金坐标印务有限公司
开 本	787mm×1092mm 1/16
印 张	5
字 数	72千
版 次	2019年5月第1版
印 次	2019年5月第1次印刷
印 数	1-10000
标准书号	ISBN 978-7-5333-4121-3
定 价	20.00元

序 言

    我们的青少年是幸运的，他们生逢一百多年来伟大祖国最为强盛的时代，那些反复遭受帝国主义列强侵凌、几遭亡国灭种、被视为"劣等民族"之屈辱一去不复返，中华民族已经屹立于我们这个星球。我们走在世界任何一个国家的大街上，完全可以昂首阔步，神采飞扬。

    时代赋予了我们空前的自信。但是，自信的同时，还须冷静地面对现实：由于长期的经济、军事、文化上的落后，潜在的民族自卑并没有完全消除。我们向世界开放，学习引进欧美文化不是为了照搬，而是为了推动创新我国的文化，在此过程中我们应当对欧美文化进行系统而理智的分析。然而在今天的中国，西方文化的影响力还十分强大，传统文化常常处于被动地位，很多领域还有对西方文化的盲从现象。

    文化主体性的恢复，文化自信的重构，实际上是一个相当持久的过程。当前，最有效的办法，乃从根本上抓起，把中华优秀传统文化，在儿童思维萌生之际深深地植入，使其成为他们的精神基因。在他们的世界观形成之时，民族文化生发的自豪、自尊、自信将成为他们的生命内核。在此背景下，目前，在全国范围内，儿童读国学经典蔚然成风，令人鼓舞。

    但是，任务是相当艰巨的。国学经典浓缩着中华优秀传统文化的价值和历史的精华，其内容深邃而丰富，而孩子的阅读和理解能力相当有限。因而本丛书定位于启蒙，万取一收，博中取精。以难易为梯度，将难度最小的经典，如《三字经》《百家姓》《千字文》等，放在唐宋诗词以及《论语》《大学》《孟子》等之前，循序渐进，突出中华道德理性、家国情怀。

当然，各册的内容重点有所分工，如在《三字经》以后，有唐宋诗词，二者结合，情理交融，又贴近儿童认知特点，有利于潜移默化。其中有些格言佳句，如"一寸光阴一寸金"等，可能会使他们过目不忘，终身铭记。在这以后，进入《论语》《大学》《孟子》《中庸》，难度逐渐加大。就其哲学、伦理、文化学的深度而言，这些内容不是孩子们可以完全理解的，但可以取"好读书不求甚解"的策略，但求文字上熟读成诵。孔子、孟子的一些格言，孩子们不难倒背如流，当时不可能十分理解，但会终身耳熟能详，先入心灵，在成年后的生活实践中，当如种子之入土，假以时日，花、果可期。

　　当然，随着阅读的进展，难度递进，如《老子》《庄子》《古文观止》《诗经》《楚辞》等博大精深，为了切近孩子的认知和理解水平，乃不求其全，截其一篇之警策，或取其智慧之闪光，或取其语言之隽永，或取其哲理之深邃，旨在以点带面，激发兴趣，引人入胜。

　　篇后有练习，间带游戏性，引发兴趣，促进思考；册后附有参考答案，旨在取孔夫子"困而知之"之效。苟有识者神会，合编者苦心，吾当同欣也。

孙绍振

2019年4月22日

目 录

序 言 …………………………………………………… 01

论 语

1　学而第一 ………………………………… 01

2　为政第二 ………………………………… 04

3　八佾第三 ………………………………… 07

4　里仁第四 ………………………………… 10

5　公冶长第五 ……………………………… 13

6　雍也第六 ………………………………… 16

7　述而第七 ………………………………… 19

8　泰伯第八 ………………………………… 22

9　子罕第九 ………………………………… 25

10　乡党第十 ………………………………… 28

11　先进第十一 ……………………………… 31

12　颜渊第十二 ……………………………… 34

13　子路第十三 ……………………………… 37

14　宪问第十四 ……………………………… 40

15　卫灵公第十五 …………………………… 43

16　季氏第十六 ……………………………… 46

17　阳货第十七　·································　49

18　微子第十八　·································　52

19　子张第十九　·································　55

20　尧曰第二十　·································　58

大 学

21　大学（一）　·································　61

22　大学（二）　·································　64

23　大学（三）　·································　67

24　大学（四）　·································　70

参考答案　·································　73

① 学而第一

导 读

　　《论语》是记录孔子及其弟子言行的书。学而篇（《论语》每篇以第一个章句的前二三个字为篇名）共16章，主要论述学习和道德修养，本课节选8章。阅读时，注意对照自己，进行反思，力求在诚信孝悌、严于律己、宽以待人等方面有所进步。

原 文

1.1 子曰①："学而时习之②，不亦说（悦）乎③？有朋自远方来，不亦乐乎？人不知而不愠④，不亦君子乎⑤？"

1.3 子曰："巧言令色⑥，鲜矣仁⑦！"

1.4 曾子曰⑧："吾日三省吾身⑨：为人谋而不忠乎？与朋友交而不信乎？传不习乎⑩？"

1.6 子曰："弟子入则孝，出则弟（悌）⑪，谨而信，泛爱众而亲仁⑫。行有余力，则以学文。"

1.8 子曰："君子不重则不威，学则不固⑬。主忠信。无（勿）友不如己者⑭。过，则勿惮改⑮。"

《孔子圣迹图·问礼老聃图》　明·仇英

1.12　有子曰⑯："礼之用，和为贵⑰。先王之道，斯为美⑱，小大
　　　由之。有所不行，知和而和，不以礼节之，亦不可行也。"

1.14　子曰："君子食无求饱，居无求安，敏于事而慎于言，
　　　就有道而正焉⑲，可谓好学也已。"

1.16　子曰："不患人之不己知⑳，患不知人也。"

注　释

①子：古时对男子的尊称。《论语》中的"子"都指孔子。孔子：名丘，字仲尼，鲁
国人。　②时：在适当的时候。习：实习。　③说：通"悦"，快乐。　④愠：恼
怒。　⑤君子：《论语》中的"君子"，一是指有修养的人，二是指有地位的人，
这里指前者。　⑥巧言：花言巧语。令色：伪善的面貌。　⑦鲜：少。　⑧曾子：
名参（shēn），字子舆，鲁国人。孔子的学生。　⑨三省：多次反省。　⑩传：老师传授
的学业。　⑪弟子：指年少者。弟：通"悌"，尊敬兄长，顺从长上。　⑫泛：广
泛。　⑬重：庄重。威：威严。固：坚固，巩固。　⑭无：通"勿"，不要。如：
及，比得上。　⑮惮：怕，畏惧。　⑯有子：名若，字子有，鲁国人。孔子的学
生。　⑰和：和谐，协调。　⑱斯：这，此。美：好。　⑲有道：有道德的人。
正：辨正是非。　⑳患：忧虑。

知与行

一、词句对对碰。

人不知而不愠　　　　　　和为贵

不患人之不己知　　　　　出则弟

礼之用　　　　　　　　　不亦君子乎

弟子入则孝　　　　　　　患不知人也

二、背诵《论语》章句，再找出其中的成语，写下来。

1.学而时习之，不亦说乎？

＿＿＿＿＿＿

2.巧言令色，鲜矣仁！

＿＿＿＿＿＿

3.君子食无求饱，居无求安，敏于事而慎于言，就有道而正焉，可谓好学也已。

＿＿＿＿＿＿　　　＿＿＿＿＿＿

三、著名数学家陈省身的名字源于"吾日三省吾身"，你还知道哪些人的名字也源于《论语》？

＿＿＿＿＿　　＿＿＿＿＿　　＿＿＿＿＿

自我评价	
诵读小能手	☆ ☆ ☆
诵读小达人	☆ ☆ ☆ ☆
诵读小冠军	☆ ☆ ☆ ☆ ☆

诵读打卡第＿＿＿＿天　　＿＿＿＿年＿＿＿＿月＿＿＿＿日

② 为政第二

导读

　　孔子认为政治以教化为根本，从政以学习、修养为前提。为政篇共24章，本课选取8章。阅读时，一要体会孔子"道之以德，齐之以礼"的治国思想，二要领悟温故知新、学思结合的学习方法，三要践行实事求是的学习态度。

原文

2.1　子曰："为政以德，譬如北辰居其所而众星共（拱）之①。"

2.3　子曰："道（导）之以政②，齐之以刑③，民免而无耻④。道（导）之以德，齐之以礼，有耻且格⑤。"

2.4　子曰："吾十有（又）五而志于学⑥，三十而立⑦，四十而不惑⑧，五十而知天命⑨，六十而耳顺⑩，七十而从心所欲，不逾矩⑪。"

2.7　子游问孝⑫。子曰："今之孝者，是谓能养。至于犬马，皆能有养。不敬，何以别乎？"

2.11　子曰："温故而知新，可以为师矣。"

2.15　子曰："学而不思则罔⑬，思而不学则殆⑭。"

《孔子圣迹图·为委吏图》 明·仇英

2.17 子曰："由[15]！诲女（汝）知之乎[16]！知之为知之，不知为不知，是知也。"

2.22 子曰："人而无信[17]，不知其可也。大车无輗，小车无軏[18]，其何以行之哉？"

注 释

❶北辰：北极星。共：通"拱"，环绕。 ❷道：通"导"，引导，诱导。政：法制，禁令。 ❸齐：整治，整顿。刑：刑罚。 ❹免：逃避。耻：羞耻之心。 ❺格：正，改正，归正。 ❻有：通"又"。 ❼立：立足于礼，即依照礼仪立足于人世。 ❽惑：迷惑。 ❾知天命：知道天命。 ❿耳顺：善于听人之言。 ⓫逾：超越。矩：规矩。 ⓬子游：名偃，字子游，吴国人。孔子的学生。 ⓭罔：迷惘。 ⓮殆：疑惑不解。 ⓯由：仲由，名由，字子路，又称季路，鲁国人。孔子的学生。 ⓰诲：教导。女：通"汝"，你。 ⓱而：如果。信：信用。 ⓲輗：牛车车辕与驾牲口的横木相连接的活销。軏：性质与輗相同，用于马车上称軏。

知与行

一、填一填。

1. 经常复习旧知识能帮助我们学习新知识，正如《论语》中所说："＿＿＿＿＿＿，＿＿＿＿＿＿。"

2. "＿＿＿＿＿＿，＿＿＿＿＿＿"告诉我们学习要学思结合。

3. 如果有同学在学习中总是一知半解、不懂装懂，你可以用"＿＿＿＿＿＿，＿＿＿＿＿＿，＿＿＿＿＿＿"来劝他。

二、孔子谈"信"，一是指对别人要讲信用，二是指要取得别人的信任，取信于人。除了"人而无信，不知其可也"，你还知道哪些讲信用的名句？写下来吧。

＿＿＿＿＿＿＿＿＿＿＿＿＿＿＿＿＿＿＿＿＿＿＿＿＿

＿＿＿＿＿＿＿＿＿＿＿＿＿＿＿＿＿＿＿＿＿＿＿＿＿

＿＿＿＿＿＿＿＿＿＿＿＿＿＿＿＿＿＿＿＿＿＿＿＿＿

三、阅读本篇中有关孔子弟子问孝的章句，再交流对"孝"的认识，并做一期手抄报。

自我评价	
诵读小能手	☆ ☆ ☆
诵读小达人	☆ ☆ ☆ ☆
诵读小冠军	☆ ☆ ☆ ☆ ☆

诵读打卡第＿＿＿＿天　＿＿＿＿年＿＿＿月＿＿＿日

3 八佾第三

导 读

　　孔子认为礼乐的本质是仁，有真情实感。各项活动，应在此基础上正确使用礼乐。本篇共26章，本课选读7章。阅读中要理解孔子的礼乐思想，并思考生活中怎样做到知礼乐、合规矩，做一个新时代的好少年。

原 文

3.1　孔子谓季氏①："八佾舞于庭②，是可忍也③，孰不可忍也？"

3.3　子曰："人而不仁④，如礼何？人而不仁，如乐何？"

3.4　林放问礼之本⑤。子曰："大哉问⑥！礼，与其奢也，宁俭。丧，与其易也，宁戚⑦。"

3.7　子曰："君子无所争。必也射乎⑧！揖让而升，下而饮⑨。其争也君子。"

3.15　子入太庙⑩，每事问。或曰⑪："孰谓鄹人之子知礼乎⑫？入太庙，每事问。"子闻之，曰："是礼也。"

《孔子圣迹图·在齐闻韶图》　明·仇英

3.19　定公问⑬："君使臣⑭，臣事君⑮，如之何？"孔子对曰："君使臣以礼，臣事君以忠。"

3.25　子谓《韶》⑯，"尽美矣，又尽善也⑰"。谓《武》⑱，"尽美矣，未尽善也"。

注 释

❶ 谓：谈论。季氏：鲁国大夫季孙氏。　❷ 八佾：古代舞队的行列，一行八人叫一佾，天子才能用八佾。　❸ 忍：忍心。　❹ 而：如果。　❺ 林放：鲁国人。

❻ 大哉问：能从大处提问。　❼ 易：整治，这里是治办丧事过于看重礼仪的意思。戚：哀伤。　❽ 射：射箭，古代的礼仪。　❾ 揖：拱手行礼。升：上台阶。下：下台阶。　❿ 太庙：古代开国之君叫太祖，太祖之庙叫太庙，这里指周公庙。

⓫ 或：有人。　⓬ 鄹人之子：指孔子。孔子的父亲叔梁纥曾在鄹邑做过官，故称他为鄹人。　⓭ 定公：鲁国国君，名宋。　⓮ 使：使用。　⓯ 事：侍奉。

⓰ 《韶》：舜时的乐曲名。　⓱ 美：艺术形式好。善：思想内容好。　⓲ 《武》：周武王时的乐曲名。

知与行

一、正误我知道。

1. 君臣的祭祀礼仪是不一样的，季氏"八佾舞于庭"不符合礼制。

（　　）

2. "射"是六艺之一，另外几艺是"礼""乐""御""书""数"。

（　　）

3. "子入太庙，每事问"说明孔子不懂礼，所以才问。（　　）

4. 孔子认为《韶》乐尽善尽美，而《武》乐不足。（　　）

二、联系生活，同学间讨论交流对"君子无所争"这句话的看法。

三、"揖"是古代的拱手礼，试着对同学行个拱手礼吧。你还知道哪些礼仪？课下搜集资料了解一下。

自我评价	
诵读小能手	☆ ☆ ☆
诵读小达人	☆ ☆ ☆ ☆
诵读小冠军	☆ ☆ ☆ ☆ ☆

诵读打卡第_____天　　_____年_____月_____日

4 里仁第四

导读

里仁篇共26章，主要围绕道德修养展开，以论仁为主，本课选学8章。阅读中要感悟孔子安贫乐道、淡泊名利的主张，了解追求修养和学识的思想，学习见贤思齐、慎言敏行的君子之风，向仁德之人看齐。

原文

4.1　子曰："里仁为美^①。择不处^{chǔ}仁^②，焉得知（智）^③？"

4.2　子曰："不仁者不可以久处约^④，不可以长处乐。仁者安仁，知（智）者利仁^⑤。"

4.5　子曰："富与贵，是人之所欲也；不以其道得之，不处也^⑥。贫与贱，是人之所恶^{wù}也；不以其道得之，不去也^⑦。君子去仁，恶^{wū}乎成名^⑧？君子无终食之间违仁，造次必于是^⑨，颠沛必于是^⑩。"

4.10　子曰："君子之于天下也，无适也，无莫也^⑪，义之与比^⑫。"

《孔子圣迹图·子见南子图》　明·仇英

4.14　子曰："不患无位，患所以立⑬。不患莫己知，求为可知也⑭。"

4.17　子曰："见贤思齐焉，见不贤而内自省^{xǐng}也。"

4.24　子曰："君子欲讷^{nè}于言而敏于行⑮。"

4.25　子曰："德不孤⑯，必有邻。"

注　释

❶ 里仁为美：以居住在仁德之地为好。里，居住。 ❷ 处：居住。 ❸ 知：通"智"，智慧。 ❹ 约：贫困。 ❺ 安：安于。利：顺从。 ❻ 处：接受。 ❼ 去：摆脱。 ❽ 恶：怎么，何。 ❾ 造次：匆忙，仓促。 ❿ 颠沛：困顿，社会动乱。 ⑪ 适：可。莫：不可。 ⑫ 比：附从，合。 ⑬ 所以立：用来立身的凭借，指礼。 ⑭ 为可知：被别人了解的依据，指学识、本领。 ⑮ 讷：言语迟钝。敏：敏捷。 ⑯ 孤：孤立。

知与行

一、把句子补充完整并诵读，注意把握节奏和感情。

　　1. ＿＿＿＿＿＿＿＿＿。择不处仁，焉得知？

　　2．不仁者不可以久处约，不可以长处乐。＿＿＿＿＿＿＿，

＿＿＿＿＿＿＿。

　　3. 德不孤，＿＿＿＿＿＿＿。

二、"见贤思齐焉，见不贤而内自省也。"生活中，你是怎样践行这一
　　思想的？跟同学交流一下。

三、"里仁为美""无友不如己者"都说明孔子很重视环境和朋友的选
　　择。孔子年少时，为让他接受更好的教育，颜母也曾搬家到鲁都曲
　　阜。搜集这个故事并讲给同学听吧。

自我评价	
诵读小能手	★ ★ ★
诵读小达人	★ ★ ★ ★
诵读小冠军	★ ★ ★ ★ ★

诵读打卡第＿＿＿＿＿＿天　＿＿＿＿＿年＿＿＿＿月＿＿＿＿日

⑤ 公冶长第五

导读

公冶长篇共28章，以谈论仁德修养为主，本课节选4章。学习本课时要体会孔子在立志、惜时、好学、守信等方面的思想，尝试在生活中运用。本篇还有"闻一以知十""三思而后行"等名句，有兴趣可以读一读原文。

原文

5.10 宰予昼寝①。子曰："朽木不可雕也，粪土之墙不可杇（圬）也②；于予与（欤）何诛③？"子曰："始吾于人也，听其言而信其行；今吾于人也，听其言而观其行。于予与改是。"

5.15 子贡问曰："孔文子何以谓之'文'也？"④子曰："敏而好学，不耻下问，是以谓之'文'也。"

5.26 颜渊、季路侍⑤。子曰："盍各言尔志⑥？"子路曰："愿车马衣轻裘与朋友共敝之而无憾⑦。"颜渊曰："愿无伐善⑧，无施劳⑨。"

子路曰："愿闻子之志⑩。"子曰："老者安之，朋友信之，少者怀之。⑪"

5.28 子曰："十室之邑^⑫，必有忠信如丘者焉，不如丘之好^{hào}学也。"

《孔子圣迹图·临河而返图》　明·仇英

注 释

❶ 宰予：名予，字子我，也称宰我。孔子的学生。昼寝：白天睡觉。　❷ 粪土：腐土。杇：通"圬^{wū}"，刷墙的抹子，指粉刷墙壁。　❸ 与：通"欤^{yú}"，表示疑问的语气词。诛：责备，批评。　❹ 子贡：名赐，字子贡。孔子的学生。孔文子：卫国大夫，名圉^{yǔ}，"文"是他的谥号。　❺ 颜渊：名回，字子渊。孔子的学生。侍：地位卑微的人站在地位尊贵的人身旁。　❻ 盍：何不。　❼ 敝：用坏。　❽ 伐善：夸耀长处。　❾ 施劳：宣扬功劳。　❿ 闻：听。　⑪ 安：安抚。信：相信，信任。怀：关怀，爱护。　⑫ 邑：城市。

知与行

一、本课出现了两个有关求学的成语，你找到了吗？工整地写在田字格里吧！

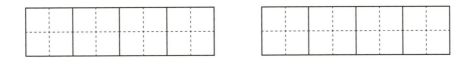

二、本课第三则选文中，孔子和弟子们表述了各自的志向。孔子的志向是"老者安之，朋友信之，少者怀之"，这是一个理想社会的景象。你的志向又是什么？想一想，写下来。

_____

_____

三、试着和同伴还原第三则对话场景，排演一幕短剧吧！

自我评价	
诵读小能手	☆ ☆ ☆
诵读小达人	☆ ☆ ☆ ☆
诵读小冠军	☆ ☆ ☆ ☆ ☆

诵读打卡第_____天　　_____年_____月_____日

扫描扉页二维码，家长可加入国学经典学习辅导群

一起辅导孩子学习国学经典 ▶ 群类别：国学经典

6　雍也第六

导 读

　　雍也篇共30章，内容涉及"中庸"之道、"文质"思想、如何培养"仁"等，有数章谈及颜回，孔子对其评价很高。本课选读7章，学习时，要认识颜回的好学品质，领悟安贫乐道的精神，再想一想如何成为一名仁德君子。

原 文

6.3　哀公问①："弟子孰为好学？"孔子对曰："有颜回者好学，不迁怒②，不贰过③。不幸短命死矣④。今也则亡（无）⑤，未闻好学者也。"

6.11　子曰："贤哉，回也！一箪食⑥，一瓢饮，在陋巷，人不堪其忧，回也不改其乐。贤哉，回也！"

6.18　子曰："质胜文则野⑦，文胜质则史⑧。文质彬彬⑨，然后君子。"

6.20　子曰："知之者不如好之者，好之者不如乐之者。"

6.21　子曰："中人以上，可以语上也⑩；中人以下，不可以语上也。"

6.23 子曰："知（智）者乐水，仁者乐山⑪。知（智）者动，仁者静。知（智）者乐，仁者寿。"

6.30 子贡曰："如有博施于民而能济众⑫，何如？可谓仁乎？"

《孔子圣迹图·堕三都图》 明·仇英

子曰："何事于仁！必也圣乎！尧、舜其犹病诸⑬！夫仁者⑭，己欲立而立人，己欲达而达人。能近取譬⑮，可谓仁之方也已。"

注 释

❶ 哀公：即鲁哀公，鲁国国君，姬姓，名将，"哀"是他的谥号。 ❷ 迁怒：把对一个人的怒气转移到另一人身上。 ❸ 贰过：重复犯错。 ❹ 短命死矣：颜回死时四十一岁。 ❺ 亡：通"无"。 ❻ 箪：古代盛饭的竹器。 ❼ 质：朴实。文：文采。野：郊外，古时乡村农夫称野人。这里指粗鲁、粗野。 ❽ 史：掌管法典和记事的官。这里形容虚浮。 ❾ 彬彬：文质和谐适度。 ❿ 语：告诉。 ⑪ 知者：聪明的人。知，通"智"，智慧。仁者：仁人。乐：喜爱。 ⑫ 博施：广施恩惠。

⑬ 尧：传说中上古时代的天子，同舜一样，是孔子推崇的圣人。病：难，不易。 ⑭ 夫：助词，用于句首，提起下文。 ⑮ 能近取譬：能够就眼下的事实选择例子一步步去做。譬，比喻。

论语

知与行

一、连一连。

质胜文则野　　　　　好之者不如乐之者

己欲立而立人　　　　文胜质则史

知之者不如好之者　　己欲达而达人

二、想一想，说一说。

本课第二则选文中，孔子连发两次感叹"＿＿＿＿＿＿＿＿＿"赞美颜回：虽然生活清苦，但依然安贫乐道，孜孜不倦地学习。在新时代，我们应该怎样践行这种精神呢？同伴之间说一说。

三、游学倡议。

孔子认为，山水如人，人如山水，山水美和人之善近似，可比况君子德行，即所谓"比德"。与同伴来一场和山水有关的游学活动吧！相信你会从中受益。

自我评价	
诵读小能手	☆ ☆ ☆
诵读小达人	☆ ☆ ☆ ☆
诵读小冠军	☆ ☆ ☆ ☆ ☆

诵读打卡第＿＿＿＿＿天　　＿＿＿＿＿年＿＿＿＿月＿＿＿＿日

7 述而第七

7 述而第七

导读

　　述而篇共38章，内容涉及孔子的学习态度、教育思想和仁德主张等。本课节选8章，学习时注意领会孔子对自我的认识，了解他的快乐与忧愁。孔子教与学的方法，又给你哪些启发呢？

原文

7.2　子曰："默而识（志）之①，学而不厌，诲人不倦，何有于我哉？"

7.3　子曰："德之不修，学之不讲，闻义不能徙②，不善不能改，是吾忧也。"

7.6　子曰："志于道，据于德，依于仁，游于艺③。"

7.8　子曰："不愤不启④，不悱（fěi）不发⑤。举一隅不以三隅（yú）反⑥，则不复也。"

7.16　子曰："饭疏食饮水⑦，曲肱（gōng）而枕之⑧，乐亦在其中矣。不义而富且贵⑨，于我如浮云。"

7.19　叶公问孔子于子路⑩（shè），子路不对。子曰："女（汝）奚不曰⑪：'其为人也，发愤忘食，乐以忘忧，不知老之将至云尔（耳）⑫。'"

7.22　子曰："三人行，必有我师焉。择其善者而从之⑬，其不善者而改之。"

7.36　子曰："奢则不孙（逊）⑭，俭则固⑮。与其不孙（逊）也，宁固。"

《孔子圣迹图·学琴师襄图》　明·仇英

注 释

❶识：通"志"，记住。　❷徙：迁移。　❸艺：指六艺，包括礼、乐、射、御、书、数。　❹愤：思考问题时有疑难想不通。启：开导。　❺悱：想表达却说不出来的样子。发：启发。　❻隅：角落。反：反复推论，类推。　❼饭疏食：吃粗粮。饭，名词用作动词，吃。疏食，粗粮。　❽肱：胳膊。枕：名词用作动词。　❾不义：用不正当手段。　❿叶公：楚国大夫沈诸梁，字子高。封地在叶城。　⓫女：通"汝"，你。奚：为什么。　⓬云：如此。尔：通"耳"，而已。　⓭善：优点。从：学习。　⓮孙：通"逊"，恭顺。　⓯固：固陋。

知与行 ◦◦

一、填一填。

1. _____，_____，不知老之将至云尔。

2. 志于_____，据于_____，依于_____，游于_____。

3. 三人行，_____。择其善者而从之，其不善者而改之。

二、 早在两千多年前，孔子就提出了许多好的教学方法。作为学生，应该做到"_____"；作为老师，应该做到"_____"。

三、 你能从"举一隅不以三隅反，则不复也"中概括出一个成语吗？工整地写在田字格里。再结合实际，谈谈在学习中应该怎样做到。

自我评价	
诵读小能手	☆ ☆ ☆
诵读小达人	☆ ☆ ☆ ☆
诵读小冠军	☆ ☆ ☆ ☆ ☆

诵读打卡第_____天　　_____年_____月_____日

扫描扉页二维码，家长可加入每日诵读打卡群

与其余29位家长一起每日辅导孩子诵读经典 ▶ 群类别：诵读打卡

8 泰伯第八

导 读

泰伯篇共21章，本课节选5章。除了节选的内容，本篇还有"人之将死，其言也善""不在其位，不谋其政"等名句。阅读本课，注意体会"礼"的重要性和君子的品质、责任与担当，再想一想从哪几个方面做到"好学"？

原 文

8.2 子曰："恭而无礼则劳①，慎而无礼则葸②，勇而无礼则乱，直而无礼则绞③。君子笃于亲④，则民兴于仁；故旧不遗，则民不偷⑤。"

8.5 曾子曰："以能问于不能，以多问于寡⑥；有若无，实若虚，犯而不校⑦。昔者吾友尝从事于斯矣⑧。"

8.6 曾子曰："可以托六尺之孤⑨，可以寄百里之命⑩，临大节而不可夺也⑪，君子人与（欤）⑫？君子人也。"

8.7 曾子曰："士不可以不弘毅⑬，任重而道远。仁以为己任，不亦重乎？死而后已⑭，不亦远乎？"

《孔子圣迹图·楚王使聘图》　明·仇英

8.13　子曰:"笃信好学,守死善道。危邦不入,乱邦不居。天下有道则见(现)⑮,无道则隐⑯。邦有道,贫且贱焉,耻也;邦无道,富且贵焉,耻也。"

注释

①恭:恭敬。劳:劳倦疲乏。　②葸:畏惧。　③绞:急切,偏激。　④君子:这里指当政的人。笃:笃厚,真诚。　⑤偷:淡薄,不厚道。　⑥寡:少。　⑦校:计较。　⑧吾友:一般认为指颜渊。　⑨托六尺之孤:可以把幼小的孤儿托付于他。古人以七尺指成年,六尺指十五岁以下。　⑩寄百里之命:指代理国政。百里,指方圆百里的诸侯大国。　⑪大节:生死存亡的紧要关头。夺:动摇,屈服。　⑫与:通"欤"。　⑬弘毅:弘大刚毅。　⑭已:停止。　⑮有道:政治清明。见:通"现",出现。　⑯无道:政治黑暗。隐:隐居不出。

知与行

一、"任重道远""死而后已"这两个成语常常用来形容责任重大，要经历长期的奋斗。它们出自本课哪句话？请写在下面，再读出这句话的节奏和感情。

_____

二、人物品质对对碰。

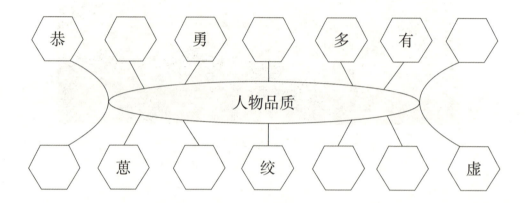

三、"托孤"是指把身后的孤儿托付给别人。历史上有"刘备白帝城托孤""赵氏托孤"等。你还知道哪些呢？在班里举行故事会，讲一讲和"托孤"有关的历史故事。

自我评价	
诵读小能手	★ ★ ★
诵读小达人	★ ★ ★ ★
诵读小冠军	★ ★ ★ ★ ★

诵读打卡第_____天　　_____年_____月_____日

9 子罕第九

导读

　　子罕篇共31章，内容以记述孔子的德行为主，也有讨论学养的内容，本课节选7章。阅读时，一要感受颜渊对孔子学问德行的赞叹，二要学习孔子善于从自然现象和事物中获得人生感悟的方法，三要体会孔子对年轻人的期望和鼓励。

原文

9.11　颜渊喟然叹曰①："仰之弥高，钻之弥坚②。瞻之在前③，忽焉在后。夫子循循然善诱人④，博我以文，约我以礼，欲罢不能。既竭吾才，如有所立卓尔⑤。虽欲从之，末由也已⑥。"

9.17　子在川上，曰："逝者如斯夫⑦！不舍昼夜⑧。"

9.19　子曰："譬如为山⑨，未成一篑⑩，止，吾止也。譬如平地，虽覆一篑⑪，进，吾往也。"

9.23　子曰："后生可畏⑫，焉知来者之不如今也？四十、五十而无闻焉，斯亦不足畏也已。"

9.26　子曰："三军可夺帅也⑬，匹夫不可夺志也⑭。"

《孔子圣迹图·删述六经图》 明·仇英

9.28 子曰："岁寒，然后知松柏之后凋也^⑮。"

9.30 子曰："可与共学，未可与适道^⑯；可与适道，未可与立^⑰；可与立，未可与权^⑱。"

注 释

❶ 喟然：感叹的样子。 ❷ 弥：更加。 ❸ 瞻：怀着崇敬的心情看。 ❹ 循循然：有次序的样子。诱：劝导。 ❺ 卓尔：高大，超群。 ❻ 末由也已：这里是没有办法的意思。 ❼ 逝者：消逝的时光。 ❽ 不舍：不停。 ❾ 为山：用土堆山。 ❿ 篑：土筐。 ⓫ 覆：倒。 ⓬ 后生可畏：年轻人是值得敬畏的。 ⓭ 三军：军队的通称。 ⓮ 匹夫：普通百姓。 ⓯ 凋：凋零。 ⓰ 适道：志于道，追求道。适，到，往。 ⓱ 立：指立于道。 ⓲ 权：秤锤，引申为权衡轻重，按照不同情况灵活处理事情。

知与行

一、找出句子中的成语。

1. 夫子循循然善诱人，博我以文，约我以礼，欲罢不能。

_____   _____

2. 子在川上，曰："逝者如斯夫！不舍昼夜。"

_____   _____

3. 后生可畏，焉知来者之不如今也？

_____

二、孔子勉励人们进学修身要严于律己、持之以恒，本课哪些章节体现了这一思想？写一写吧。

_____

_____

_____

_____

三、孔子从流水、松柏中获得了人生感悟，你还从哪些大自然的现象中得到了启示？

自我评价	
诵读小能手	★ ★ ★
诵读小达人	★ ★ ★ ★
诵读小冠军	★ ★ ★ ★ ★

诵读打卡第_____天　　_____年_____月_____日

⑩ 乡党第十

导 读

    乡党篇共27章，主要记述孔子在言谈举止、衣食住行等方面践行礼仪的情况，本课节选5章。阅读时，要感受孔子与人和谐相处的君子之风，还要学习孔子科学的饮食方法，并在生活中加以运用。

原 文

10.1   孔子于乡党①，恂（xún）恂如也②，似不能言者。其在宗庙朝廷，便便（pián）言③，唯谨尔。

10.2   朝，与下大夫言，侃侃（kǎn）如也④；与上大夫言，訚訚（yín）如也⑤。君在，踧踖（cù jí）如也⑥，与与如也⑦。

10.8   食不厌精，脍（kuài）不厌细⑧。

    食饐（yì）而餲（ài）⑨，鱼馁（něi）而肉败⑩，不食。色恶，不食。臭恶（xiù）⑪，不食。失饪，不食。不时，不食。割不正，不食。不得其酱，不食。

    肉虽多，不使胜食气⑫。

    唯酒无量，不及乱⑬。

沾酒市脯不食^⑭。

不撤姜食，不多食。

10.10　食不语，寝不言。

10.26　升车^⑮，必正立，执绥^⑯。车中，不内顾^⑰，不疾言^⑱，

不亲指。

《孔子圣迹图·问津图》　明·仇英

注 释

① 乡党：指家乡。　② 恂恂：温和恭顺的样子。　③ 便便：形容语言流畅。

④ 侃侃：温和快乐的样子。　⑤ 訚訚：正直恭敬的样子。　⑥ 踧踖：恭敬不安的

样子。　⑦ 与与：仪容适中的样子。　⑧ 脍：细切的肉。　⑨ 馇而餲：食物腐败

变味。　⑩ 馁：鱼腐烂。败：肉腐烂。　⑪ 臭恶：气味难闻。　⑫ 食气：指饭

食。　⑬ 乱：指酒醉。　⑭ 沽酒市脯：买来酒和干肉。　⑮ 升车：上车。　⑯ 执

绥：拉着登车用的扶手带。　⑰ 内顾：回头看。　⑱ 疾言：很快地说话。

知与行

一、根据意思猜成语。

1. 粮食不嫌 舂（chōng）得精，鱼和肉不嫌切得细。

_____　　_____

2. 原来指人人爱吃的美食，现在比喻好的诗文或事物受到人们的称赞和传颂。

_____

二、 孔子是个美食家，讲求饮食质量、方式和方法。如今，养生成为一门学问，应该怎样吃得健康、吃得开心呢？同伴之间说一说。

三、 "升车，必正立，执绥。车中，不内顾，不疾言，不亲指。"孔子告诉了我们乘车时的礼仪，你还知道哪些呢？开一次文明出行主题班会吧。

自我评价	
诵读小能手	☆ ☆ ☆
诵读小达人	☆ ☆ ☆ ☆
诵读小冠军	☆ ☆ ☆ ☆ ☆

诵读打卡第_____天　　_____年_____月_____日

⑪ 先进第十一

导读

先进篇共26章，以孔子对弟子们的评价为主。本课选自最后一章，记录了孔子与四位弟子畅谈志向的情景。阅读中要感受和谐融洽的交流氛围，了解四位弟子的性格特点和言行志向，感悟孔子对天下归仁、百姓怡然自乐美好生活的向往。

原文

11.26 子路、曾皙(xī)、冉有、公西华侍坐①。

子曰："以吾一日长(zhǎng)乎尔②，毋吾以也。居则曰：'不吾知也！'③ 如或知尔，则何以哉④？"

子路率尔而对曰⑤："千乘之国⑥，摄乎大国之间，加之以师旅，因之以饥馑；由也为之，比及三年⑦，可使有勇，且知方也。"夫子哂(shěn)之⑧。

"求！尔何如？"对曰："方六七十⑨，如五六十⑩，求也为之，比及三年，可使足民。如其礼乐，以俟君子。"

"赤！尔何如？"

对曰："非曰能之，愿学焉。宗庙之事⑪，如会同⑫，端章甫⑬，愿为小相焉⑭。"

《孔子圣迹图·退修琴书图》　明·仇英

"点！尔何如？"

鼓瑟希（稀）⑮，铿尔，舍瑟而作⑯，对曰："异乎三子者之撰。"子曰："何伤乎？亦各言其志也。"曰："莫（暮）春者⑰，春服既成，冠者五六人⑱，童子六七人，浴乎沂⑲，风乎舞雩yú⑳，咏而归。"夫子喟然叹曰："吾与点也！"

注释

① 曾皙：名点，曾参的父亲。冉有：名求，字子有。公西华：名赤，字子华。他们和子路都是孔子的学生。　② 长：年长。　③ 居：平常。不吾知：不了解我。　④ 或：有人。则何以哉：怎么去做呢？　⑤ 率尔：轻率，急忙。　⑥ 千乘之国：拥有一千辆兵车的国家。　⑦ 比及：等到。　⑧ 哂：微笑。　⑨ 方六七十：纵横各六七十里的小国。　⑩ 如：或者。　⑪ 宗庙之事：指祭祀。　⑫ 会同：指两国国君相见。　⑬ 端：玄端，衣名。章甫：帽名。　⑭ 相：祭祀、会盟时司仪赞礼的职务，小相为此职的最低级。　⑮ 希：同"稀"，指弹瑟接近尾声。　⑯ 作：站起来。　⑰ 莫：通"暮"。　⑱ 冠者：成年人。古代男子二十岁举行冠礼，表示已成年。　⑲ 沂：沂水，在今山东曲阜南。　⑳ 舞雩：鲁国祭天求雨的地方，在今山东曲阜东南。

知与行

一、把句子补充完整并诵读，注意把握节奏，读出感情。

莫春者，_____，冠者五六人，_____，浴乎沂，_____，咏而归。

二、孔子四位学生的志向各不相同：子路以勇治国，冉有使民富足，公西华以礼相君，曾皙与人同乐。请你根据文意连一连。

子　路　　　　浴乎沂，风乎舞雩，咏而归。

冉　有　　　　千乘之国……可使有勇，且知方也。

公西华　　　　方六七十，如五六十……可使足民。

曾　皙　　　　宗庙之事，如会同，端章甫，愿为小相焉。

三、孔子和蔼可亲、循循善诱，弟子们志趣不同、性情各异。试着和同伴们排演一幕短剧，再现孔子和弟子们讲学的情境吧。

自我评价	
诵读小能手	★ ★ ★
诵读小达人	★ ★ ★ ★
诵读小冠军	★ ★ ★ ★ ★

诵读打卡第_____天　　_____年_____月_____日

⑫ 颜渊第十二

导读

　　颜渊篇共24章，内容涉及仁德、为政、修养等。本课选读4章，讲述孔子与学生围绕仁德展开对话。阅读时，要理解孔子从不同侧面对"仁"的论述，重点把握"克己复礼为仁""为仁由己""己所不欲，勿施于人"等句的含义。

原文

12.1　颜渊问仁。子曰："克己复礼为仁①。一日克己复礼，天下归仁焉。为仁由己②，而由人乎哉？"

　　　颜渊曰："请问其目③。"子曰："非礼勿视，非礼勿听，非礼勿言，非礼勿动。"颜渊曰："回虽不敏④，请事斯语矣。"

12.2　仲弓问仁⑤。子曰："出门如见大宾⑥，使民如承大祭⑦。己所不欲，勿施于人。在邦无怨，在家无怨⑧。"仲弓曰："雍虽不敏，请事斯语矣⑨。"

12.5　司马牛忧曰⑩："人皆有兄弟，我独亡（无）⑪。"子夏曰⑫："商闻之矣：死生有命，富贵在天。君子敬而无失^⑬，与人恭而有礼。四海之内^⑭，皆兄弟也。君子何患乎无兄弟也？"

12.24 曾子曰："君子以文会友，以友辅仁^⑮。"

《孔子圣迹图·接舆狂歌图》 明·仇英

注释

❶克：克制，约束。复：返。 ❷由己：全靠自己。 ❸目：条目。 ❹敏：聪敏。 ❺仲弓：姓冉，名雍，字仲弓。孔子的学生。 ❻大宾：贵宾，宾客。 ❼承：承当，承办。大祭：重大的祭祀。 ❽在邦无怨，在家无怨："在邦"指在诸侯国做官，"在家"指在卿大夫家做事。 ❾事：力行。 ❿司马牛：司马耕，字子牛。孔子的学生。 ⓫亡：通"无"，没有。 ⓬子夏：姓卜（bǔ），名商，字子夏。孔子的学生。 ⓭失：过失。 ⓮四海之内：全国范围内，普天之下。 ⓯辅仁：辅助培养仁德。

知与行 ◯◦

一、填一填。

　　1. 孔子说，人们要约束自身言行，提高道德修养，自觉遵守礼的规定。一旦做到了这一点，天下就归于仁了。正如本课第一章中所说："_____。_____，_____。"

　　2. "_____，_____。"告诉我们自己不想要的，不要强加于别人。

　　3. 我们平时做事要严肃认真，不出差错，对待别人要恭敬有礼貌，正如本课第三章中所说："_____，_____。"

二、孔子谈"仁"，一是要约束自己，提高自身修养，使言行符合礼；二是要宽以待人，不强人所难。《论语》中，关于"仁"的论述还有很多，请摘录一些，写在下面吧。

_____

_____

三、"君子以文会友，以友辅仁。"这启发我们要以"仁"的标准结交志同道合的益友。同学间交流交流自己是怎样交友的吧。

自我评价	
诵读小能手	☆ ☆ ☆
诵读小达人	☆ ☆ ☆ ☆
诵读小冠军	☆ ☆ ☆ ☆ ☆

　　诵读打卡第_____天　　_____年_____月_____日

13 子路第十三

导读

子路篇共30章，主要论述为政之道、道德修养等富国教民的思想，本课节选4章。诵读时，注意领悟当政者正己正身、正言正名、不可急功近利的重要性，想一想自己在生活中怎样避免贪图小利，并注意为人处世符合规矩。

原文

13.3 子路曰："卫君待子而为政①，子将奚先②？"子曰："必也正名乎③！"

子路曰："有是哉④，子之迂也⑤！奚其正？"子曰："野哉，由也⑥！君子于其所不知，盖阙（缺 quē）如也⑦。名不正，则言不顺；言不顺，则事不成；事不成，则礼乐不兴；礼乐不兴，则刑罚不中⑧；刑罚不中，则民无所措手足。故君子名之必可言也，言之必可行也。君子于其言，无所苟而已矣⑨。"

13.6 子曰："其身正，不令而行；其身不正，虽令不从。"

13.17 子夏为莒父宰⑩（jǔ），问政。子曰："无欲速，无见小利。

欲速，则不达；见小利，则大事不成。"

13.19 樊迟问仁⑪。子曰："居处恭，执事敬，与人忠。虽之
夷狄⑫（yí dí），不可弃也。"

《孔子圣迹图·铭金人图》　明·仇英

注 释

① 卫君：卫出公辄，卫灵公之孙。其父蒯聩（kuǎi kuì）被卫灵公驱逐出国，卫灵公死后，辄继位，蒯聩要回国争位，遭辄拒绝。　② 奚：做什么。③ 正名：辨正名分。
④ 哉：语气助词。　⑤ 迂：迂腐。　⑥ 野：粗野，鲁莽。　⑦ 阙：同"缺"，阙疑，存疑，心中有存疑但不下断语。　⑧ 中：得当。　⑨ 苟：苟且，马马虎虎。　⑩ 莒父：鲁国城邑，在今山东莒县境内。　⑪ 樊迟：即樊须，字子迟，是孔子的学生。　⑫ 夷狄：古称东方部族为夷、北方部族为狄。

知与行

一、对错我知道。

1. 子路对孔子先正名的说法不以为然，认为是迂腐的。　（　　）
2. 孔子的"正名"是要把名实不符的等级关系纠正过来。（　　）
3. 孔子把"正名"看作为政的第一步。　（　　）
4. 子路言语粗野，也能虚心请教老师问题。　（　　）

二、想想写写。 生活中遇到"欲速"和"见小利"的情况，你应该怎样应对呢？

_____

_____

三、查一查。 子路，是"孔门十哲"之一，那"孔门十哲"其他九名弟子分别是谁呢？如果有兴趣，可以再搜一搜七十二贤者都是哪些人。

自我评价	
诵读小能手	☆ ☆ ☆
诵读小达人	☆ ☆ ☆ ☆
诵读小冠军	☆ ☆ ☆ ☆ ☆

诵读打卡第_____天　_____年_____月_____日

⑭ 宪问第十四

导 读

　　宪问篇共44章，内容涉及君子之道、孔子对一些社会现象及历史人物的评价，本课节选5章。诵读时，一要领悟孔子的仁德观点和修己之道，二要体会子贡认为孔子是"君子"的依据，三要想一想怎样才能保持一颗仁德之心。

原 文

14.4　子曰："有德者必有言，有言者不必有德①。仁者必有勇，勇者不必有仁。"

14.28　子曰："君子道者三，我无能焉：仁者不忧，知（智）者不惑，勇者不惧。"子贡曰："夫子自道也②。"

14.34　或曰："以德报怨，何如？"子曰："何以报德？以直报怨③，以德报德。"

14.35　子曰："莫我知也夫④！"子贡曰："何为其莫知子也？"子曰："不怨天，不尤人⑤，下学而上达⑥。知我者其天乎！"

《孔子圣迹图·子贡庐墓图》　明·仇英

14.42　子路问君子。子曰："修己以敬⑦。"

曰："如斯而已乎⑧?"曰："修己以安人⑨。"

曰："如斯而已乎?"曰："修己以安百姓⑩。修己以安百姓，尧舜其犹病诸⑪!"

注 释

❶言：善言，好言。　❷夫子：古代对老人或师长的尊称，这里指的是孔子。自道：自己说自己。　❸直：正直。　❹莫：没有。我知：这里是了解我的意思。

❺尤：责怪，怨恨。　❻下学：向下学习人事，指日常的知识。上达：向上通达，通晓大道理。　❼敬：严肃恭敬。　❽如斯：像这样。而已：罢了。　❾安人：使人民安宁。　❿安百姓：使老百姓安乐。　⓫尧舜其犹病诸：尧、舜恐怕还要为此犯难。

知与行

一、本课中你能积累几个成语？工整地抄写下来吧！

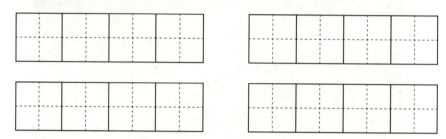

二、成语"怨天尤人"出自本课，请你根据积累，写出与它相对应的近义词、反义词。

_____

三、背诵本课论述"仁德"的语录，同学之间谈谈对"仁德"的理解。

自我评价	
诵读小能手	☆ ☆ ☆
诵读小达人	☆ ☆ ☆ ☆
诵读小冠军	☆ ☆ ☆ ☆ ☆

诵读打卡第_____天　　_____年_____月_____日

扫描扉页二维码，家长可加入国学经典学习辅导群

一起辅导孩子学习国学经典 ▶ 群类别：国学经典

15 卫灵公第十五

导读

卫灵公篇共42章，内容涉及孔子的政治思想、君子的"为仁"理念等，本课节选9章。学习时，从孔子师生关于君子"为仁"的探讨，领会君子忠信、仁恕、忍让之德，并想一想在生活中如何做到严于律己、持之以恒。

原文

15.6 子张问行①。子曰："言忠信，行笃敬，虽蛮貊之邦②，行矣。言不忠信，行不笃敬，虽州里③，行乎哉？立则见其参于前也④，在舆则见其倚于衡也⑤，夫然后行。"子张书诸绅⑥。

15.9 子曰："志士仁人，无求生以害仁，有杀身以成仁。"

15.10 子贡问为仁。子曰："工欲善其事⑦，必先利其器⑧。居是邦也，事其大夫之贤者⑨，友其士之仁者⑩。"

15.12 子曰："人无远虑，必有近忧。"

15.17 子曰："群居终日，言不及义，好行小慧，难矣哉！"

15.18 子曰："君子义以为质⑪，礼以行之，孙（逊）以出

《孔子圣迹图·在陈绝粮图》 明·仇英

之⑫，信以成之。君子哉！"

15.24 子贡问曰："有一言而可以终身行之者乎？"子曰："其恕乎！己所不欲，勿施于人。"

15.27 子曰："巧言乱德。小不忍，则乱大谋。"

15.36 子曰："当仁，不让于师。"

注 释

❶ 子张：颛孙师，字子张。孔子的学生。行：顺遂通达。 ❷ 蛮貊：古人对少数民族的称谓，蛮在南方，貊在北方。 ❸ 州里：指乡里本土。二千五百家为州，五家为邻，五邻为里。 ❹ 立：站立。参：列，显现。 ❺ 舆：车子。衡：车辕前面的横木。 ❻ 书：写下，记下。绅：贵族系在腰间的大带。 ❼ 善：动词，做好。 ❽ 利：动词，使……锋利。 ❾ 事：侍奉。 ❿ 友：动词，交友。⓫ 质：本质，根本。⓬ 孙：通"逊"，谦逊，恭顺。

知与行 ◦◦

一、根据理解，变换节奏与方式，诵读或歌唱本课章句。

二、请摘抄孔子对"恕"的阐释，并联系生活谈谈理解。

_____

_____

三、"当仁，不让于师。"这句话的意思是指在追求仁义的道路上，学生对老师也不必谦让。生活中遇到这种情况，你是怎样处理的？写一写，跟老师来一次心灵沟通吧！

_____

_____

自我评价	
诵读小能手	★ ★ ★
诵读小达人	★ ★ ★ ★
诵读小冠军	★ ★ ★ ★ ★

诵读打卡第_____天　　_____年_____月_____日

扫描扉页二维码，家长可加入每日诵读打卡群

与其余29位家长一起每日辅导孩子诵读经典 ▶群类别：诵读打卡

⑯ 季氏第十六

导 读

　　季氏篇共14章，内容涉及君子的品性修养和仁德践行，本课选读6章。学习时，注意领悟孔子为人处世的方式，联系自身，静心反思，做一个守礼仪、知敬长、合事宜、明身份、有节制、常省思的现代君子。

原 文

16.4　孔子曰："益者三友，损者三友。友直，友谅①，友多闻②，益矣。友便辟③（pián pì），友善柔④，友便佞⑤（pián），损矣。"

16.5　孔子曰："益者三乐⑥（lè），损者三乐。乐节礼乐⑦（yuè），乐道人之善，乐多贤友，益矣。乐骄乐⑧，乐佚（逸）游⑨，乐宴乐⑩，损矣。"

16.6　孔子曰："侍于君子有三愆⑪（qiān）：言未及之而言谓之躁，言及之而不言谓之隐，未见颜色而言谓之瞽⑫（gǔ）。"

16.7　孔子曰："君子有三戒：少之时，血气未定，戒之在色；及其壮也，血气方刚，戒之在斗；及其老也，血气既衰，戒之在得。"

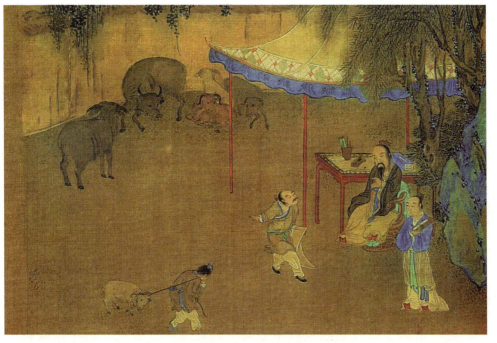

《孔子圣迹图·为乘田吏图》　明·仇英

16.8　孔子曰："君子有三畏：畏天命，畏大人^⑬，畏圣人
之言。小人不知天命而不畏也，狎大人^⑭，侮圣人之
言。"

xiá

16.10　孔子曰："君子有九思：视思明，听思聪，色思温，貌
思恭，言思忠，事思敬，疑思问，忿思难^⑮，见得思
义。"

fèn

注　释

❶ 谅：诚信。　❷ 多闻：见闻广博。　❸ 便辟：谄媚逢迎。　❹ 善柔：当面奉承背后诋毁。　❺ 便佞：惯于花言巧语。　❻ 乐：乐趣，喜好。　❼ 节：节制。礼乐：礼节和音乐。　❽ 骄：骄纵而不知节制。　❾ 佚：通"逸"，闲逸。　❿ 乐晏乐：沉溺于宴饮取乐。　⓫ 愆：过失，过错。　⓬ 瞽：盲人。　⓭ 大人：地位高贵的人。　⓮ 狎：狎弄，戏弄，不尊重。　⓯ 忿：愤怒，怨恨。

论语

知与行

一、连一连。

益者三友	天命、大人、圣人之言
君子三戒	直、谅、多闻
君子三畏	色、斗、得

二、 孔子归纳人生戒示，语言简明，含义深刻，并冠以数字，如三戒、三畏、九思等，能不能模仿这种方式，写一写自己的座右铭呢？

_____

_____

三、 本篇还记叙了孔子同孔鲤谈诗习礼的故事，后人为褒扬这种"诗礼"家风，在孔庙建筑群中设有"诗礼堂"，在孔府菜中创制有一道名品"诗礼银杏"。请阅读原文和相关资料，感受父子情深。

自我评价	
诵读小能手	☆ ☆ ☆
诵读小达人	☆ ☆ ☆ ☆
诵读小冠军	☆ ☆ ☆ ☆ ☆

诵读打卡第_____天　　_____年_____月_____日

17 阳货第十七

导读

> 　　阳货篇共26章，内容涉及人性、修身、礼乐、诗教等，本课节选5章。阅读时，体会孔子的仁义观念，领悟学习对人成长的意义，思考"义"和"勇"的关系，还可以阅读本篇中的其他章句，进一步了解"仁"的内涵。

原文

17.2　子曰："性相近也①，习相远也②。"

17.8　子曰："由也，女（汝）闻六言六蔽矣乎③？"对曰："未也。"

　　　"居④！吾语女（汝）。好仁不好学，其蔽也愚；好知不好学，其蔽也荡⑤；好信不好学，其蔽也贼⑥；好直不好学，其蔽也绞⑦；好勇不好学，其蔽也乱⑧；好刚不好学⑨，其蔽也狂⑩。"

17.9　子曰："小子何莫学夫诗？诗，可以兴，可以观，可以群，可以怨⑪。迩之事父⑫，远之事君。多识于鸟兽草木之名。"

《孔子圣迹图·西狩获麟图》 明·仇英

17.23 子路曰:"君子尚勇乎⑬?"子曰:"君子义以为上,君子有勇而无义为乱,小人有勇而无义为盗。"

17.24 子贡曰:"君子亦有恶^{wù}乎?"子曰:"有恶:恶称人之恶^è者,恶居下流而讪上者⑭,恶勇而无礼者,恶果敢而窒者⑮。"

日:"赐也亦有恶乎?""恶徼以为知(智)者⑯,恶不孙(逊)^{jié}以为勇者⑰,恶讦以为直者⑱。"

注 释

❶性:性情。 ❷习:习染。 ❸女:通"汝",你。六言:这里指六种美德。蔽:弊病。 ❹居:坐。 ❺荡:放荡不羁,好高骛远。 ❻贼:伤害。 ❼绞:说话尖刻。 ❽乱:犯上作乱。 ❾刚:刚强。 ❿狂:狂妄,胆大妄为。 ⓫兴:指艺术的联想感发。观:观察了解天地万物和各国盛衰。群:合群。怨:表达、发泄不满,怨而不怒。 ⓬迩:近。 ⓭尚:崇尚,尊崇。 ⓮讪:诽谤。 ⓯窒:阻塞,不通事理,顽固不化。 ⓰徼:窃取,抄袭。 ⓱孙:通"逊",谦逊。 ⓲讦:揭发、攻击别人的隐私或过错。直:直率,正直。

知与行

一、请根据章句内容填写表格。

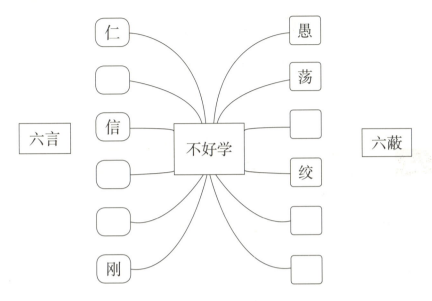

二、 子曰："兴于诗，立于礼，成于乐。"可见孔子对《诗》的推崇。本课中孔子对学《诗》的作用和意义的阐述是："＿＿＿＿＿＿＿＿

＿＿＿＿＿＿＿＿＿＿＿＿＿＿＿＿＿＿＿＿＿＿＿＿＿＿＿＿＿＿＿"

三、 怎样做才是真正的勇？生活中你有过勇的具体表现吗？请和同学、老师交流一下吧！

自我评价	
诵读小能手	★ ★ ★
诵读小达人	★ ★ ★ ★
诵读小冠军	★ ★ ★ ★ ★

诵读打卡第＿＿＿＿＿天　　＿＿＿＿＿年＿＿＿＿＿月＿＿＿＿＿日

18 微子第十八

导　读

　　微子篇共11章，主要讲述"礼崩乐坏"的社会中，隐士们远离世事，洁身自保，孔子却积极入世，推行仁道，彰显了"知其不可而为之"的精神。本课节选2章，学习时体会孔子和隐者、逸民的不同品格。

原　文

18.7　子路从而后，遇丈人①，以杖荷蓧②。hè diào

　　　子路问曰："子见夫子乎？"丈人曰："四体不勤，五谷不分。孰为夫子？"植其杖而芸（耘）③。子路拱而立④。止子路宿，杀鸡为黍而食之⑤，见其二子焉。

　　　明日，子路行以告。子曰："隐者也。"使子路反（返）见之⑥。至，则行矣。子路曰："不仕无义。长幼之节，不可废也；君臣之义，如之何其废之？欲洁其身，而乱大伦⑦。君子之仕也，行其义也。道之不行，已知之矣。"

18.8　逸民⑧：伯夷、叔齐、虞仲、夷逸、朱张、柳下惠⑨、少连。子曰："不降其志⑩，不辱其身⑪，伯夷、叔齐与（欤）！"谓："柳下惠、少连，降志辱身矣，言中伦⑫，行中虑⑬，其斯而已矣。"谓："虞仲、夷逸，隐居放言⑭，身中清，废中权⑮。我则异于是，无可无不可。"

《孔子圣迹图·去鲁图》　明·仇英

注释

❶丈人：对老人的敬称。　❷荷：扛。莜：古代耘田、除草的农具。　❸植：插在地上。芸：通"耘"，除草。　❹拱而立：拱手站着，表示恭敬。　❺黍：黄米，古时候产量很低，故十分珍贵。　❻反：通"返"，返回。　❼大伦：指君臣关系。伦，伦理道德。　❽逸：散失，遗弃。　❾伯夷、叔齐：商末孤竹国君的两个儿子。虞仲、夷逸、朱张、少连：四人身世、言行不详。柳下惠：鲁国人，本名展获，字子禽，"惠"是他的谥号。　❿降：降低，压抑。　⓫辱：屈辱。　⓬中：合乎，符合。　⓭虑：思虑，谋虑。　⓮放言：不谈论世事。放，放置。　⓯权：权变。

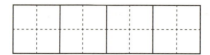 知与行

一、工整写出本课包含的成语。

二、正误我知道。

1. 孔子认为伯夷和叔齐不降低自己的意志，不辱没自己的身份。（　　）

2. 孔子认为柳下惠和少连降低了自己的意志，辱没了自己的身份，但言语合乎伦理，行为经过思虑。（　　）

3. 孔子认为虞仲和夷逸避世隐居，不谈论政事，合乎洁身和权变的要求，这是不可取的。（　　）

4. "我则异于是，无可无不可" 中的"我"是孔子。（　　）

三、熟读子路遇荷蓧丈人这个小故事，试着与同学演一演。注意人物的语言和动作哟。

自我评价	
诵读小能手	★ ★ ★
诵读小达人	★ ★ ★ ★
诵读小冠军	★ ★ ★ ★ ★

诵读打卡第_____天　　_____年_____月_____日

19 子张第十九

导读

子张篇共25章，全部记载孔子弟子的言论。本课节选3章，主要讲子贡对老师的崇敬与维护。学习本课，要感受孔子学问的博大精深及弟子对其思想的传承弘扬。读《论语》至此，你找到领悟孔子思想的"门径"了吗？

原文

19.23 叔孙武叔语大夫于朝曰①："子贡贤于仲尼。"

子服景伯以告子贡。子贡曰："譬之宫墙②，赐之墙也及肩，窥见室家之好。夫子之墙数仞③，不得其门而入，不见宗庙之美，百官之富④。得其门者或寡矣。夫子之云⑤，不亦宜乎！"

19.24 叔孙武叔毁仲尼⑥。子贡曰："无以为也！仲尼不可毁也。他人之贤者，丘陵也，犹可逾也⑦；仲尼，日月也，无得而逾焉。人虽欲自绝⑧，其何伤于日月乎？多见其不知量也。"

《孔子圣迹图·二龙五老图》　明·仇英

19.25　陈子禽谓子贡曰⑨："子为恭也⑩，仲尼岂贤于子乎？"子贡曰："君子一言以为知（智）⑪，一言以为不知（智），言不可不慎也。夫子之不可及也，犹天之不可阶而升也⑫。夫子之得邦家者⑬，所谓立之斯立，道（导）之斯行⑭，绥之斯来⑮，动之斯和⑯。其生也荣，其死也哀，如之何其可及也？"

注释

❶ 叔孙武叔：鲁国大夫，名州仇，"武"是他的谥号。子服景伯：鲁国大夫，名何。　❷ 宫墙：围墙。　❸ 仞：古代计量长度的单位，一仞为七尺，或说八尺。　❹ 宫：房舍。　❺ 夫子：这里指叔孙武叔。　❻ 毁：诋毁，诽谤。　❼ 逾：翻越。　❽ 自绝：狂妄。　❾ 陈子禽：字子亢，一字子禽，陈国人，孔子的学生。　❿ 恭：恭敬，谦恭。　⓫ 知：通"智"。　⓬ 阶：阶梯。　⓭ 邦家：古代诸侯国的封域称邦，大夫的采邑称家。　⓮ 道：通"导"，引导，教化。　⓯ 绥：安抚。　⓰ 动：鼓舞，动员。和：和睦，协力同心。

知与行

一、子贡谈孔子的学问、人品时用了三处比喻，请写下来。

1. _____

2. _____

3. _____

二、孔子故里——曲阜城的正南门有"万仞宫墙"匾额，你知道它的来历吗？这里面有个小故事，快去查阅资料，了解了解吧。

三、学习本课，我们知道了子贡对老师的尊敬和维护。尊敬老师，你有哪些体会？写一写，跟同学分享自己的做法。

_____

_____

_____

自我评价	
诵读小能手	★ ★ ★
诵读小达人	★ ★ ★ ☆
诵读小冠军	★ ★ ★ ★ ☆

诵读打卡第_____天　_____年_____月_____日

⑳ 尧曰第二十

尧曰篇共3章，讲述了尧舜禹等禅让用贤、克己担当的思想及孔子"尊五美，屏四恶"的为政观。本课节选2章，阅读时，了解克己担当、以民为本的治国思想，再次思考怎样做一个有德君子。

原 文

20.1 尧曰："咨①！尔舜！天之历数在尔躬②，允执其中③。四海困穷，天禄永终④。"

舜亦以命禹⑤。

曰："予小子履敢用玄牡⑥，敢昭告于皇皇后帝⑦：有罪不敢赦⑧。帝臣不蔽⑨，简在帝心⑩。朕躬有罪，无以万方；万方有罪，罪在朕躬。"

周有大赉⑪，善人是富。"虽有周亲，不如仁人。百姓有过，在予一人。"谨权量，审法度⑫，修废官⑬，四方之政行焉。兴灭国，继绝世，举逸民，天下之民归心焉。

所重：民、食、丧、祭。

宽则得众，信则民任焉，敏则有功，公则说（悦）⑭。

20.3 孔子曰："不知命，无以为君子也；不知礼，无以立也；不知言，无以知人也。"

《孔子圣迹图·齐鲁会夹谷图》　明·仇英

注 释

①咨：嗟，感叹词，表示赞美。　②尔：你。躬：身。　③允：诚信。中：中正，中庸之道。　④天禄：上天给的禄位。　⑤禹：传说中受舜禅位的君主。姓姒，sì 亦称"大禹""夏禹"，以治水名闻天下。　⑥履：商朝开国之君商汤的名字，子姓，名履。玄牡：祭祀用的黑色公牛。　⑦皇皇：伟大。后帝：上苍，天帝。　⑧赦：赦免。　⑨帝臣：天帝的臣仆，汤自称。　⑩简：考察。　⑪赉：赏赐。　⑫权：秤锤。量：斗斛。法度：指量长度的寸、尺、丈等。　⑬废官：废弃的官职。　⑭说：通"悦"。

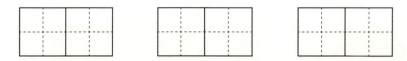

一、孔子认为，做君子应当乐天知命，知书达理，并懂得分析他人的言语，请用原文概括君子的"三知"：

二、有兴趣的话，可以找一找尧、舜、禹禅让的故事，同学间举行一次故事会。

三、动手做一做。请选择《论语》中喜欢的章句，做成小书签吧。

自我评价	
诵读小能手	☆ ☆ ☆
诵读小达人	☆ ☆ ☆ ☆
诵读小冠军	☆ ☆ ☆ ☆ ☆

诵读打卡第_____天　　_____年_____月_____日

21　大学（一）

导 读

　　《大学》是儒家经典《礼记》中论述修身与治国关系的一篇文章。本课是第一章，讲"大学之道"在于弘扬自身的光明品德、化民成俗并不断追求道德进步。阅读时要感悟明德修身、齐家治国的基本顺序，体会修身为本的意义。

原 文

　　大学之道①，在明明德②，在亲民，在止于至善。知止而后有定③，定而后能静，静而后能安，安而后能虑④，虑而后能得。物有本末，事有终始。知所先后，则近道矣。

　　古之欲明明德于天下者，先治其国；欲治其国者，先齐其家⑤；欲齐其家者，先修其身；欲修其身者，先正其心；欲正其心者，先诚其意⑥；欲诚其意者，先致其知⑦；致知在格物⑧。物格而后知至；知至而后意诚；意诚而后心正；心正而后身修；身修而后家齐；家齐而后国治；国治而后天下平。

《历代帝王图》　唐·阎立本

自天子以至于庶人⑨，壹是皆以修身为本⑩。其本乱而末治者，否矣；其所厚者薄⑪，而其所薄者厚，未之有也⑫。此谓知本，此谓知之至也。

注 释

❶大学：大人之学，即修行为君子之学。　❷明明德：使良好的品德展示出来。明德，光明的德性。　❸止：目标。定：志向确定。　❹虑：思虑精细。　❺齐其家：使家族齐心。　❻诚其意：使自己的想法真实，不自欺。　❼致其知：获得知识。　❽格物：研究事情由本及末的发展顺序，知道事物的根本。　❾庶人：平民。　❿壹是：一切。　⓫厚：尊重，重视。薄：轻视。　⓬未之有也：即"未有之也"，没有这种事。

知与行 ◦◦

一、根据原文填空，体会其先后顺序与意义。

格物、_____、_____、正心、_____、_____、治

国、_____。

二、请闭目静神五分钟，尝试进入"定而后能静，静而后能安"的"定

　　静安"状态。

三、查一查资料，把下列人物和故事连起来。

曾子　　　　　　六尺巷

许衡　　　　　　求取真经

张英　　　　　　三省吾身

玄奘　　　　　　我心有主

自我评价	
诵读小能手	☆　☆　☆
诵读小达人	☆　☆　☆　☆
诵读小冠军	☆　☆　☆　☆　☆

　　诵读打卡第_____天　　_____年_____月_____日

22 大学（二）

导 读

　　君子慎独。本课选自《大学》第六、第七、第八章，论述"诚意""正心""修身"。阅读时，要体会诚意和正心的重要性，理解修身正心的四种偏失、心神不正的三种后果和力戒"五辟"的缘由，以诚实公正之心修己待人。

原 文

　　所谓诚其意者，毋自欺也①。如恶恶臭²（wù xiù），如好好色③（hào hǎo），此之谓自谦（慊）④（qiè），故君子必慎其独也⑤！小人闲居为不善⑥，无所不至，见君子而后厌然⑦，掩其不善，而著其善⑧。人之视己，如见其肺肝然，则何益矣？此谓诚于中，形于外，故君子必慎其独也。曾子曰："十目所视，十手所指，其严乎！"富润屋，德润身，心广体胖⑨（pán），故君子必诚其意。

　　所谓修身在正其心者，身有所忿懥⑩（zhì），则不得其正；有所恐惧，则不得其正；有所好乐（hào），则不得其正；有所忧患，则不得其正。心不在焉，视而不见，听而不闻，食而不知其味。此谓修身在正其心。

所谓齐其家在修其身者，人，之其所亲爱而辟（僻）
焉⑪，之其所贱恶而辟焉，之其所畏敬而辟焉，之其所哀
矜而辟焉⑫，之其所敖（傲）惰而辟焉⑬。故好而知其恶，
恶而知其美者，天下鲜矣⑭！故谚有之曰："人莫知其子之
恶，莫知其苗之硕。"此谓身不修，不可以齐其家。

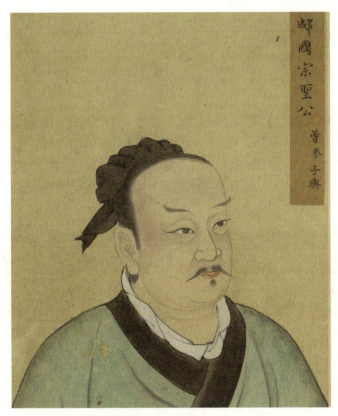

《至圣先贤像册·曾子像》　佚名

注 释

❶毋：不要。　❷恶恶臭：厌恶难闻的气味。臭，气味。　❸好好色：喜欢美好的
容颜。　❹谦：同"慊"，满足。　❺慎其独：独自一人时也要谨慎。　❻闲居：
独处。　❼厌然：掩饰、躲闪的样子。　❽著：显示。　❾心广体胖：心胸宽广，
体貌安详。　❿忿懥：愤怒。　⓫之：对于。辟：通"僻"，偏。　⓬哀矜：怜
悯。　⓭敖：通"傲"，傲慢。惰：懈怠。　⓮鲜：少。

知与行

一、连一连。

恶恶臭　　　　　　　　德润身

富润屋　　　　　　　　形于外

诚于中　　　　　　　　好好色

二、工整地抄写本课出现的两个成语，体会其蕴含的意思。

三、你对一个人独处和与人交往有了哪些新认识？写下自己的感受吧。

自我评价	
诵读小能手	☆ ☆ ☆
诵读小达人	☆ ☆ ☆ ☆
诵读小冠军	☆ ☆ ☆ ☆ ☆

诵读打卡第_____天　　_____年_____月_____日

扫描扉页二维码，家长可加入国学经典学习辅导群

一起辅导孩子学习国学经典 ▶群类别：国学经典

㉓ 大学（三）

导读

　　家是最小的社会单位。那么，家庭和睦与社会和谐、天下安定有哪些必然联系呢？《大学》第九、第十两章给我们以启迪。阅读时，体会"孝""悌""慈"在家庭和社会中的意义，感悟君子以身作则、推己及人的"絜矩之道"。

原文

　　所谓治国必先齐其家者，其家不可教（jiào），而能教（jiào）人者，无之。故君子不出家而成教（jiào）于国①：孝者，所以事君也；弟（悌）者，所以事长（zhǎng）也；慈者，所以使众也。

　　一家仁，一国兴仁；一家让，一国兴让；一人贪戾②，一国作乱。其机如此③。此谓一言偾（fèn）事④，一人定国。尧、舜帅天下以仁，而民从之；桀、纣帅天下以暴⑤，而民从之；其所令⑥，反其所好（hào），而民不从。是故君子有诸己而后求诸人⑦，无诸己而后非诸人。所藏（cáng）乎身不恕，而能喻诸人者⑧，未之有也。故治国在齐其家。

　　所谓平天下在治其国者：上老老，而民兴孝⑨；上长（zhǎng）

《二十四孝图·亲尝汤药》　清·任熊

长，而民兴弟（悌）^⑩；上恤孤，而民不倍（背）^⑪。是以君
子有絜矩之道也^⑫。所恶于上^⑬，毋以使下^⑭；所恶于下，毋以
事上；所恶于前，毋以先后；所恶于后，毋以从前^⑮；所恶于
右，毋以交于左；所恶于左，毋以交于右：此之谓絜矩之道。

注 释

❶ 成教：成就教化。　❷ 贪戾：贪婪，暴虐。　❸ 机：关键。　❹ 偾事：败坏
事业。　❺ 桀：夏代最后一位君主。纣：商代最后一位君主。两人都是古代的暴
君、亡国之君。　❻ 令：号令。　❼ 有诸己：自己有美好的品行。　❽ 喻：使明
白。　❾ 老老：尊敬老人。　❿ 长长：尊重长辈。　⓫ 恤孤：体恤孤儿。倍：通
"背"，背弃。　⓬ 絜矩之道：儒家伦理思想的一种处理人际关系的法则，其内容
在于以推己度人为标尺，以求得人际关系的协调平衡。絜，量度。矩，画直角或方形
用的尺子。　⓭ 所恶于上：厌恶上级的做法。　⓮ 使下：对待下级。　⓯ 从前：对
待前辈。

知与行

一、把句子补充完整并朗读，注意把握节奏，读出感情。

    1. 孝者，所以_____；弟者，所以_____；慈者，所以_____。

    2. 所谓平天下在治其国者：上老老，而_____；上长长，而_____；上恤孤，而民不倍。是以君子有_____之道也。

二、"所藏乎身不恕，而能喻诸人者，未之有也。"你还记得《论语》中关于"恕"的论述吗？把它写下来吧。

    _____

    _____

    _____

三、家是温馨的港湾，家是幸福的源泉，结合本课内容请你为"家庭和睦"支妙招。

自我评价

诵读小能手	☆ ☆ ☆
诵读小达人	☆ ☆ ☆ ☆
诵读小冠军	☆ ☆ ☆ ☆ ☆

诵读打卡第_____天 _____年_____月_____日

24 大学（四）

导读

　　本课选自《大学》第十章，论述治国者应"先慎乎德"，修养德性，亲贤远佞；还要"以义为利"，贵德贱财，散财聚民。阅读时，领悟仁德对于君子的意义，体会民心向背的重要性，懂得开源节流、生财有道的道理。

原文

　　道得众则得国，失众则失国。是故君子先慎乎德。有德此有人①，有人此有土，有土此有财，有财此有用。德者，本也；财者，末也。外本内末，争民施夺②。是故财聚则民散，财散则民聚。是故言悖而出者③，亦悖而入；货悖而入者，亦悖而出。

　　唯仁人放流之④，迸（摒）诸四夷⑤，不与同中国⑥。此谓唯仁人为能爱人，能恶人。见贤而不能举⑦，举而不能先⑧，命也⑨；见不善而不能退，退而不能远，过也。好人之所恶，恶人之所好，是谓拂人之性⑩，灾必逮夫身⑪。是故君子有大道，必忠信以得之，骄泰以失之⑫。

生财有大道：生之者众，食之者寡；为之者疾^⑬，用之者舒^⑭，则财恒足矣。仁者以财发身^⑮，不仁者以身发财。未有上好仁，而下不好义者也；未有好义，其事不终者也；未有府库财，非其财者也。此谓国不以利为利，以义为利也。

《孔子燕居像》 明·佚名

注 释

❶ 此：才。 ❷ 争民施夺：巧取豪夺，与民争利。 ❸ 悖：逆，违背情理。 ❹ 放流之：流放容不得他人的人。 ❺ 迸：通"摒"，驱逐。四夷：东夷、南蛮、北狄和西戎的合称，泛指文化落后的边远地区。 ❻ 中国：黄河中下游的中原地区。 ❼ 举：举荐，选拔。 ❽ 先：重视。 ❾ 命：轻慢。 ❿ 拂：违背。 ⑪ 逮夫身：延及自身。 ⑫ 骄泰：骄横放纵。 ⑬ 疾：迅速。 ⑭ 舒：舒缓，慢。 ⑮ 发身：发展自身。

知与行

一、本课有很多对反义词，找几组写下来。

__本__ 对 ____　　____ 对 ____　　__聚__ 对 ____

____ 对 ____　　____ 对 __寡__　　____ 对 __舒__

二、正误我知道。

1. "德者，本也；财者，末也。"说明"德"比"财"重要。
（　　）

2. "唯仁人放流之，迸诸四夷，不与同中国"中的"四夷""中国"是指国家名称。
（　　）

三、"《楚书》曰：'楚国无以为宝，惟善以为宝。'舅犯曰：'亡人无以为宝，仁亲以为宝。'"这是《大学》中引用的仁德小故事，如果有兴趣，可以读一读原文。

自我评价	
诵读小能手	☆ ☆ ☆
诵读小达人	☆ ☆ ☆ ☆
诵读小冠军	☆ ☆ ☆ ☆ ☆

诵读打卡第_____天　　_____年_____月_____日

参考答案

1 学而第一

一、人不知而不愠　不亦君子乎
不患人之不己知　患不知人也
礼之用　和为贵
弟子入则孝　出则弟

二、1. 不亦乐乎　2. 巧言令色
3. 食无求饱　居无求安

三、略

2 为政第二

一、1. 温故而知新　可以为师矣
2. 学而不思则罔　思而不学则殆
3. 知之为知之　不知为不知　是知也

二、1. 自古皆有死，民无信不立。
2. 言必信者，行必果。
3. 君子一言，驷马难追。

三、孝要依礼而行，不能违背礼制；经济上要赡养；要和颜悦色，发自内心地尊敬长辈。（言之有理即可）

3 八佾第三

一、1. √　2. √　3. ×　4. √

二、谦逊礼让是中华民族的传统美德，但是在现代社会，必须具有一定的竞争意识，这种竞争应该是君子之争，讲规矩守道义，不能不择手段。（言之有理即可）

三、略

4 里仁第四

一、1. 里仁为美
2. 仁者安仁　知者利仁　3. 必有邻

二、略　三、略

5 公冶长第五

一、敏而好学　不耻下问

二、略　三、略

6 雍也第六

一、质胜文则野　文胜质则史
己欲立而立人　己欲达而达人
知之者不如好之者　好之者不如乐之者

二、贤哉，回也

三、略

7 述而第七

一、1. 发愤忘食　乐以忘忧
2. 道　德　仁　艺　3. 必有我师焉

二、学而不厌　诲人不倦

三、举一反三

8 泰伯第八

一、曾子曰："士不可以不弘毅，任重而道远。仁以为己任，不亦重乎？死而后已，不亦远乎？"

二、

三、略

9 子罕第九

一、1. 循循善诱　欲罢不能
2. 逝者如斯　不舍昼夜　3. 后生可畏

二、子在川上，曰："逝者如斯夫！不舍昼夜。"（向着目标，精进不已）
子曰："譬如为山，未成一篑，止，吾止也。譬如平地，虽覆一篑，进，吾往也。"（进学修身靠个人自觉）
子曰："三军可夺帅也，匹夫不可夺志也。"（坚定理想信念）
子曰："岁寒，然后知松柏之后凋也。"（要有恒心、毅力）

三、略

10 乡党第十

一、1. 食不厌精　脍不厌细　2. 脍炙人口

二、略

三、略

---

11 先进第十一

一、春服既成　童子六七人　风乎舞雩

二、子路　千乘之国……可使有勇，且知方也。
再有　方六七十，如五六十……可使足民。
公西华　宗庙之事，如会同，端章甫，愿为小相焉。
曾皙　浴乎沂，风乎舞雩，咏而归。

三、略

12 颜渊第十二

一、1. 克己复礼为仁　一日克己复礼
天下归仁焉
2. 己所不欲　勿施于人
3. 君子敬而无失　与人恭而有礼

二、略　三、略

13 子路第十三

一、1. √　2. √　3. √　4. ×

二、略

三、孔门十哲：颜子、子骞、伯牛、仲弓、子有、子贡、子路、子我、子游、子夏
七十二贤，略

14 宪问第十四

一、夫子自道　以德报德　以德报怨
怨天尤人

二、近义词：怨天怨地；反义词：与人无尤。

三、略

15 卫灵公第十五

一、略

二、恕：己所不欲，勿施于人。言之有理即可。

三、言之有理即可。

16 季氏第十六

一、益者三友　直、谅、多闻
君子三戒　色、斗、得
君子三畏　天命、大人、圣人之言

二、略　三、略

17 阳货第十七

一、

18 微子第十八

二、诗，可以兴，可以观，可以群，可以怨。迩之事父，远之事君。多识于鸟兽草木之名。

三、围绕论语章句"好勇不好学，其蔽也乱""君子义以为上，君子有勇而无义为乱，小人有勇而无义为盗""恶勇而无礼者""恶不孙以为勇者"等章句展开交流。

一、四体不勤　五谷不分

二、1. √　2. √　3. ×　4. √

三、略

19 子张第十九

一、1. 夫子之墙数仞，不得其门而入，不见宗庙之美，百官之富。
2. 仲尼，日月也，无得而逾焉。
3. 夫子之不可及也，犹天之不可阶而升也。

二、略
三、略

20 尧曰第二十

一、知命　知礼　知言

二、略
三、略

21 大学（一）

一、致知　诚意　修身　齐家　平天下

二、略

三、曾子　三省吾身
许衡　我心有主
张英　六尺巷
玄奘　求取真经

22 大学（二）

一、恶恶臭　好好色
富润屋　德润身
诚于中　形于外

二、心广体胖　心不在焉

三、略

23 大学（三）

一、1. 事君也　事长也　使众也
2. 民兴孝　民兴弟　絜矩

二、子贡问曰："有一言而可以终身行之者乎？"子曰："其恕乎！己所不欲，勿施于人。"（《卫灵公第十五》）

三、略

24 大学（四）

一、本对末　外对内　聚对散　爱对恶　众对寡　疾对舒

二、1. √　2. ×

三、略

六言：仁、知、信、直、勇、刚
不好学
六蔽：愚、荡、贼、绞、乱、狂